Ama Fleud-Floyd

Allgemeines

Psyche

Relativitätstheorie

***.

Buch 1

***.

***.

Lehre der Psychologie

***.

***.

Lehre

von der

Bipolaren Psyche

und

Urpsychose

***.

Für Gott, meine Eltern und die Welt

***.

 An meine geliebten Eltern -

Sie zeigten mir das ewige Muster der Menschheit.

***.

***.

„Und der größte von ihnen ist die Liebe”

***.

***.

Hier beginnt als letzte aller Wissenschaften die Wissenschaft der Psyche.

***.

***.

Vorwort

***.

***.

Die wahre Wissenschaft beginnt mit einer Definition des Gegenstandes ihrer Studien. Die Pseudowissenschaft gibt eine mehr oder weniger interessante Geschichte, aber keine Definition.

Es gibt Millionen von Büchern und Werken, die sich mit der Psyche und ihren Störungen befassen. Haben Sie jemals in einem von ihnen eine Definition der Psyche getroffen? Eine weltweit gültige Definition?

Der Rest ist Stille?

Entscheiden Sie, nachdem Sie alle Bücher dieser Arbeit gelesen haben.

***.

***.

Definition

Die Psyche ist ein Prozess eines gegenwärtigen symbolischen Austauschs zwischen dem Subjekt der Psyche und ihrer gegenwärtigen Umgebung (subjektive Definition).

Die Psyche ist ein Prozess eines gegenwärtigen symbolischen Austauschs zwischen zwei Subjekten der Psyche (objektive Definition).

***.

***.

***.

1.

 In meiner Arbeit erkläre ich diese
Definition. Meine Definition der Psyche
definiert sie als dynamisches Phänomen.
Nicht statisch, da die Psyche bis jetzt
verstanden und beschrieben wurde.

2.

 Mit anderen Worten, alle statischen
Beschreibungen der Psyche sind nur
Metaphern. Dies bedeutet, dass in
Wirklichkeit die gesamte bisherige
Psychologie-Sprache, angefangen bei
Freuds Werken und Millionen von Büchern
anderer Autoren, als eine Art Poesie und

natürlich nicht als wissenschaftliches Schreiben angesehen werden sollte! Es wurde jedoch bis jetzt buchstäblich verstanden! Und so hat eine falsche Wissenschaft die Zivilisation und Millionen leidender Menschen in die Irre geführt.

3.

 In der Zwischenzeit ist es absurd, dass eine für jeden so offensichtliche Aussage wie eine große Entdeckung klingt, dass die Psyche kein beobachtbares Objekt ist. Niemand hat es jemals gesehen! Wir können es also weder beobachten noch als Objekt beschreiben.

4

 Dieses Absurde ist absurder als die Situation vor Kopernikus in Bezug auf die

offensichtliche allgemeine Beobachtung,
dass sich die Sonne am Himmel bewegte.
Jeder konnte es mit eigenen Augen sehen.
Und dennoch war Copernicus der einzige,
der diese gemeinsame Beobachtung in
Frage stellte.

5.

Tatsächlich war es die Erklärung von
Copernicus, was absurd war! In gewisser
Weise wurde die Erklärung von
Copernicus, die der beobachtbaren
Tatsache widersprach, von der damaligen
Wissenschaft zu Recht abgelehnt. Die
Wissenschaft vor ihm hatte einen
beobachtbaren Beweis dafür, was sich
bewegte und was nicht. Dennoch konnte
der letzte Beweis nur diejenigen von uns
erhalten, die die Erde vom kosmischen

Raum aus sehen konnten. Dies bedeutet, dass die Beobachtung als Grundlage aller Wissenschaft jedoch nicht ausreicht, um entscheidend zu sein. Der Standpunkt der Beobachtung ist entscheidend.

II

1.

 Die Erdoberfläche war ein falscher Gesichtspunkt, um zu entscheiden, ob sich die Sonne um die Erde bewegte oder umgekehrt. Bis zum 20. Jahrhundert war dies jedoch der einzig zugängliche Gesichtspunkt. Bis zu kosmischen Reisen war die Beobachtung, dass sich die Sonne um die Erde bewegt, völlig gerechtfertigt.

2.

Mit meiner Arbeit möchte ich zeigen, dass es bei der Psyche auch um die Sichtweise geht.

3.

Bis jetzt wurde die Psychologie auf dem statischen Standpunkt der Psyche gegründet. Die Psyche wurde von Freud, dem Begründer der Psychologie des 20. Jahrhunderts, als statisches Objekt beschrieben. Es wurde von ihm auf typisch statische Weise in Teile geteilt, wie: „Ego“, „Über-Ich“, „Es“, „Bewusstsein“, „Unterbewusstsein“. Es war eine Art magische Welt mit ihren rätselhaften statischen Strukturen, eine Welt von Objekten, die dem täglichen Leben der Menschen völlig fremd sind. Und damit die Notwendigkeit eines

Übersetzers, der ein Psychotherapeut sein soll. Ein Klient geht davon aus, dass der Psychotherapeut die rätselhafte Welt der Psyche kennt und sie in einer Sprache beschreiben kann, die jeder versteht.

4.

 Dieser Ansatz ähnelt stark der Funktionsweise der spirituellen Gruppen. Sowohl bei der bisherigen Psychologie als auch bei spirituellen Gruppen gibt es eine Gruppe von Menschen, die das „heilige" Wissen über die Psyche bzw. die spirituelle Welt „kennen", und es gibt den Rest der Menschen, die es wissen nichts oder weiß nur so viel, wie diejenigen, die „wissen", es ihnen sagen werden. Zwei Welten: Kreuzbein (die Welt, zu der nur diejenigen

Zugang haben) und Profanum (die Klienten derer, die es wissen).

5.

Was ist eigentlich dieses „heilige" Wissen über die Psychologie von bisher?

Es ist eine erfundene und immer wieder neu erfundene Geschichte über das Kreuzbein - eine rätselhafte Welt der Psyche, in der nichts sicher ist, alles möglich ist und die wichtigste Rolle von denen gespielt wird, die „wissen", einem Kunden eine Geschichte zu erzählen die Psyche.

III

1.

Die größten Geschichtenerzähler der
bisherigen Psychologie waren wie Freud
diejenigen, deren Geschichten die
originellsten und ... seltsamsten waren.
Warum seltsam? Weil das „Kreuzbein"
nicht so banal sein kann wie das

„Profanum", wenn sie klar voneinander getrennt sein sollen. Ohne diese Trennung gäbe es keine Notwendigkeit für diejenigen, die „wissen". Dies erklärt, warum die bisherige „Psychologie" noch nicht zu einer Wissenschaft geworden ist.

2.

Die Wissenschaft ist ein Zerstörer des Kreuzbeins, weil die Wissenschaft die Gesetze entdeckt, um die Welt zu verstehen. Und die Welt, die von den Gesetzen regiert wird, ist nicht länger rätselhaft. Auf diese Weise wird das Kreuzbein zum Profanum. Folglich sind diejenigen, die „wissen", überflüssig. Die Naturgesetze zu kennen und logisches Denken anzuwenden, reicht aus, um in der

profanen Welt voranzukommen. Jeder
kann es schaffen.

 3.

 Dies ist der Grund, warum diejenigen, die
in der bisherigen „Psychologie" „wissen",
als letzte versuchen, Gesetze zu etablieren
und bekannt zu machen, die die Psyche
regieren (falls sie sie zufällig entdecken).
Ein Tag, an dem die Psyche zur
Wissenschaft wird, wird ihr letzter Tag
sein. Sie werden jedoch vor jedem
wirklichen Versuch, die Psychologie zur
Wissenschaft zu machen, kämpfen.

 4.

 Wenn es um die Psyche geht, akzeptiert
jeder aus eigener Erfahrung die Tatsache,
dass sie existiert. Die Frage ist nur, dass

niemand es jemals mit den Augen als beobachtbares Objekt sehen konnte. Trotzdem akzeptiert jeder seine metaphorischen Beschreibungen, als wären sie die eines beobachtbaren Objekts. Warum?

5.

 Denn bis jetzt hatten die Leute keine Wahl! Das gleiche wie bis Copernicus. Es gab keine Alternative. Die Leute glauben an das, was Autoren schreiben. Sie erhalten die Alternative zur Beschreibung der Psyche von bisher in die Hände.

IV

1.

Was können wir also über die Psyche sagen? Wissenschaftlich gesehen kann nur das beobachtet werden. Wie das Beispiel von Copernicus zeigt, ist die Beobachtung selbst natürlich keine Garantie dafür, dass das, was wir sehen, das ist, was wir sehen. Bei der Psyche ist es jedoch genau umgekehrt wie bei Copernicus. Weil die Beobachtung von bisher nichts sieht!

2.

Bis zu kosmischen Reisen konnte ein wissenschaftliches Verfahren, das auf der Beobachtung beruhte, die die unabdingbare Voraussetzung für die wahre Wissenschaft ist, die Berechnungen von Copernicus nicht akzeptieren. Auch wenn sie mathematisch gesehen korrekt und plausibel aussahen. Mit anderen Worten, Copernicus lieferte 400 Jahre vor der Beobachtung aus Sicht des kosmischen Raums mathematische Argumente dafür, dass die Beobachtung aus Sicht der Erdoberfläche falsch war.

3.

Meine Rolle in der Geschichte der Psyche-Erforschung ist die Umkehrung der Rolle, die Copernicus bei der Erforschung des Kosmos spielt.

4.

Kopernikus mit mathematischen Argumenten bewies nämlich, dass die Beschreibung der Beobachtung der Sonnenbewegung am Himmel nur ein Deckmantel des Wahren war. Und der

Fehler dieser falschen Beobachtung bestand in einem falschen Standpunkt der Beobachtung der Sonnenbewegung.

5.

Ich wiederum versuche mit meinen logischen, biologischen, physikalischen, chemischen und evolutionären Argumenten zu beweisen, dass die Beschreibung der in Kraft befindlichen Psyche, die auf keiner Beobachtung beruht, auch nur ein Deckmantel des Wahren ist. Eine Gestalt, die genauso erfunden ist wie vor Kopernikus.

V.

1.

Eines springt jedoch in die Augen.
Menschen vor 2000, 1000 und 400 Jahren
schienen bessere Denker zu sein als
Menschen heute! Warum?

Diese alten Menschen, auch wenn sie in
ihrer Beschreibung der Sonnenbewegung
falsch sind, werden durch das Argument
der Beobachtung zu ihren Gunsten
entschuldigt.

Die Menschen des 20. Jahrhunderts
wiederum glauben an eine Beschreibung

der Psyche, die auf dem Argument der Nichtbeobachtung beruht ...

2.

Meine Rolle in diesem Wendepunkt der Psyche-Erforschung besteht darin, die Ära der Beschreibungen der Psyche zu stoppen, die auf keiner Beobachtung beruhen. Um diese Beobachtung zu ermöglichen, musste ich nach einer Möglichkeit suchen, die Psyche zu beobachten. Und diese Möglichkeit könnte gefunden werden, aber nicht dort, wo Millionen und Abermillionen von Menschen sie nicht vor mir gefunden haben. Es konnte nicht in der statischen Dimension der Realität gefunden werden.

3.

Mein kopernikanischer Durchbruch bestand darin, meinen Standpunkt zur Psyche-Beobachtung von der statischen Dimension der Realität auf die dynamische zu verlagern. Und dieser Akt machte den Unterschied. Ich konnte endlich beobachten und definieren, was die Psyche ist. Definition der Psyche in der Hand, könnte ich die Wissenschaft der Psyche beginnen.

4.

Und was beobachtet werden kann, ist ein dynamisches Phänomen. Der dynamische Prozess!

Diesen dynamischen Prozess nenne ich in meiner Definition der Psyche den aktuellen symbolischen Austausch! Es bedeutet, dass es nicht möglich ist, über die Psyche einer Person zu sprechen. Es existiert nicht. Was existiert, ist nur die Psyche als momentaner aktueller symbolischer Austausch. Es bedeutet, dass die Psyche einer Person eine Folge von unendlich kleinen momentanen symbolischen Austauschen ist, genauso wie das Licht die Folge von unendlich kleinen Lichtphotonen ist.

 Aus diesem Grund kann die Psyche als Prozess gestört werden, kann aber natürlich nicht krank sein (!) Und aus diesem Grund (nicht der einzige) lautet der Titel dieser Arbeit:

„Allgemeine Psyche-Relativitätstheorie".

5.

(Natürlich finden Sie in dieser Arbeit immer noch Ausdrücke, die an die Ära der statischen Psyche-Beschreibungen erinnern (zwei Pole, interpolarer Raum, ...).

Ich konnte jedoch nicht anfangen, über die Psyche in einer Sprache zu schreiben, die Sie, mein lieber Leser, bereits auf den ersten Seiten nicht verstanden haben. Aus einem sehr einfachen Grund: Niemand vor mir schrieb über die Psyche als über ein dynamisches Phänomen wie das Licht oder die Zeit.

Sie fragen sich vielleicht, warum ich der einzige bin, der die Psyche als Phänomen und nicht als Objekt behandelt. Die Antwort ist einfach. Weil ich die Psyche nie gesehen habe und nie gehört habe, dass es jemand getan hat. Trotzdem

existiert es! Die Schlussfolgerung ist eine:
Es ist ein dynamisches Phänomen.)

Lehre

ich

1.

Menschliche Psyche. Es geht alle an. Es gibt keinen Mann ohne Psyche. Mit unserer Psyche lebt jeder von uns so gut wir können. Und jeder Mensch lebt mit einer anderen Psyche. Keine zwei Psychen sind gleich. Die Rolle der Wissenschaft besteht darin, den Schlüssel zum Verständnis der Dinge zu finden. Die Psyche ist so etwas. Ich habe 20 Jahre damit verbracht, es zu studieren. Und ich habe den Schlüssel gefunden. Ohne unnötige Worte komme ich auf den Punkt.

2.

Die beiden Pole der menschlichen Psyche sind die wichtigsten. Der Angstpol und der emotionale Pol. Die Vielfalt der menschlichen Psyche beruht im

Wesentlichen auf dem Ausdruck dieser beiden Pole.

3.

Was so kompliziert schien, stellt sich als einfacher heraus, als Sie vielleicht erwarten. Schließlich versucht der Mann seit Tausenden von Jahren, die Natur der Psyche zu erforschen. Und diese Versuche haben immer zu äußerst komplizierten Visionen seiner Funktionsweise geführt. In der Zwischenzeit basiert es auf der unglaublichen Einfachheit der Bedienung. Dass es etwas sehr Einfaches ist, weil es in der Interaktion von nur zwei unabhängigen Funktionen besteht. Nur zwei!!!

4.

Das ganze Leben des Menschen spielt sich zwischen diesen beiden Polen ab. Und das ist alles. Es gibt nichts Einfacheres in der Natur als die menschliche Psyche. Weil es nur den Einfluss zweier Pole erfährt: des Pols der Angst und des Pols der Emotionen.

5.

Was in unserem Gehirn für die Fähigkeit zu fühlen verantwortlich ist, was wir unsere mentale Sensibilität nennen können, ausgestattet mit einem unendlichen Ausdruckspotential, in Form einer Unendlichkeit von Gedanken, Worten, Gefühlen, wäre alles tot und wäre wahrscheinlich nicht entstanden überhaupt, wenn es nicht im interpolaren Feld zwischen dem Pol der Angst und dem

Pol der Emotionen wäre. Jeder dieser Pole hat seine eigene Art, den interpolaren Totraum zu animieren.

II

1.

Dies bedeutet, dass Angst-Energie, weil es angemessen ist, Energie etwas zu nennen, das die Fähigkeit hat, tote Dinge zu bewegen und in Bewegung zu setzen, diese Angst-Energie Wörter, Gedanken und Gefühle aktiviert, die sich im interpolaren Feld unserer Psyche auf angemessene Weise angesammelt haben dafür.

Mit anderen Worten, verschiedene Wörter, Gedanken und Gefühle "tanzen" auf unterschiedliche Weise, wie

Eisenspäne in einem Magnetfeld, wenn
der Angstpol ausgelöst wird, und andere,
wenn der emotionale Pol ausgelöst wird.

  2.

  Natürlich geben diese Pole gleichzeitig
ihre Energie ab und die menschliche
Psyche ist das gleichzeitige Spiel des
Einflusses beider Pole. Und das ist alles.
Das ist die menschliche Psyche. Nichts
einfacher. Es ist kaum zu glauben, dass ich
20 Jahre und viel länger gebraucht habe,
bis die Menschheit zu dieser Wahrheit
gelangt ist.

ı Menschen dann so
voneinander sein, wenn, wie

ich sage, die menschliche Psyche in ihrer
Funktion trivial einfach ist?

4.

Aber ich sage nicht, dass Menschen
anders sind! Und ich sage mit Sicherheit
nicht, dass dies ein wesentlicher
Unterschied ist! Dies ist nur eine
verbreitete Ansicht, die sich als völlig
unbegründet herausstellt. Da wir uns bei
allen Menschen mit einem einfachen
bipolaren Mechanismus der Psyche
befassen, warum sollten wir uns so
voneinander unterscheiden?

5.

Ja, es gibt interindividuelle Unterschiede, aber dies sind nur kosmetische Unterschiede. Denn das einzige, was einzelne Menschen voneinander unterscheidet, ist das Energiepotential jedes der Pole und ihre Summe in dem interpolaren Raum, in dem sich Gedanken, Worte und Gefühle befinden.

Somit wird der kosmetische Unterschied zwischen Individuen nur aus drei Quellen stammen:

- das Energiepotential des Angstpols,

- das Energiepotential des emotionalen Pols,

- die Struktur des Interpolarraums.

III

1.

Ich werde diese 3 Quellen einzeln diskutieren.

Das Energiepotential des Angstpols ist das angeborene, individuelle, konstante Maß an Angst, das jedem Menschen von

Geburt an zugewiesen wird. Das Angstniveau eines jeden ist in den Genen gespeichert. In diesem Buch bezeichne ich diese Ebene als Angst-Energie-Potential.

2.

 Angst ist etwas, das Energie ausstrahlt. Besonders diejenigen von uns, die mit einem stark exprimierten Angstgen geboren wurden, wissen es. In Zeiten, in denen diese Angst als Angst offenbart wird, ist ihre Energie manchmal von einigen Menschen so groß, dass wir stundenlang unermüdlich nachdenken und viele, oft körperlich schwierige Dinge tun können. Woher bekommen wir so viel Kraft dafür, so viel Energie?

3.

Aus dem aktivierten Potential des Angstpols. Wörter, Gedanken und Gefühle, die im interpolaren Raum enthalten sind, beginnen ihren Angsttanz unter dem Einfluss von Angst-Energie zu tanzen. Jeder weiß, wie dieser Tanz aussieht. Es ist ein sich drehender Wirbel von Gedanken und Worten, der sich wie ein unangenehmes Gefühl der Angst anfühlt.

4.

Worte und Gedanken werden die verschiedenen Dramen des Tanzes der Angst tanzen. Von der Angst um die Zukunft über die Angst um das Überleben bis zum unangenehmen Gefühl

individueller Zerbrechlichkeit, das mit
Worten nur schwer zu nennen ist.

5.

So werden bei Menschen mit einem
hohen Angstpol potenzielle Wörter und
Gedanken ausgewählt und von einer
hohen Angst-Energie getragen. Wie Sie
leicht erraten können, wählt die Energie
der Angst Gedanken, Worte und
Empfindungen aus, die mit der Angst
zusammenhängen. Man könnte sagen,
dass der Angstpol die interpolaren Mittel
von Wörtern, Gedanken und Gefühlen
verwendet, um immer wieder neu zu
beschreiben, was Angst als Angst ist. Es ist
eine unendliche Geschichte von Angst als
Angst.

IV

1.

Eine Person, die sich des beschriebenen Funktionsmodells der menschlichen Psyche nicht bewusst ist, sieht nicht einmal, dass die Gedanken, Worte und Gefühle und damit das Wesen des Lebens völlig ohne unseren Willen geschehen. Es ist ein Automat, der völlig ohne menschlichen Willen stattfindet.

2.

Es ist also nicht schwer zu erkennen, dass sich diese ängstliche Geschichte unaufhörlich erzählt, vom Aufwachen bis zum Einschlafen Tag für Tag, Monat für Monat, Jahr für Jahr, alles Leben. Sehr schnell, schon in der Kindheit, wird es das

offensichtlichste und unbestreitbarste.
Und so ist die Hälfte unserer Disposition
und Persönlichkeit. Die Hälfte unserer
Psyche.

3.

Die andere Hälfte ist auf den
emotionalen Pol zurückzuführen, der
Worte, Gedanken und Gefühle zum
Tanzen bringt, einen Tanz der Emotionen.
Das emotionale Potenzial ist auch in
unsere Gene eingebettet.

4.

Wir sind geboren und man kann bereits
wissen, wie viel Energie der emotionale
Pol in den interpolaren Raum unserer
Psyche abgeben wird. Auch hier wird,
völlig unabhängig von unserem Willen,

vom Beginn unseres Bewusstseins bis zu seinem Ende das Material des interpolaren Raums in Form von Gedanken, Worten und Gefühlen die Geschichte des emotionalen Pols erzählen. Immer die gleiche Geschichte.

5.

Eine Geschichte voller Trauer und Freude, Liebe und Hass, Willen zu handeln und zu zweifeln, Sieg und Niederlage, Zufriedenheit und Unzufriedenheit. Was auch immer es ist, immer untrennbar mit seinem Gegenteil verbunden.

Der emotionale Pol ist evolutionär älter als der Angstpol. Es kommt im Gegensatz zu letzterem (nur für Menschen charakteristisch) bereits bei höheren

Tieren vor. Dies erklärt seine extreme Einfachheit. Es strahlt also entweder positive oder negative Energie aus oder es schaltet sich aus.

V.

1.

Und schließlich das dritte Element des einfachen Mechanismus der menschlichen Psyche. Dies ist die Struktur des Interpolarraums. Es besteht aus Worten, Gedanken und Gefühlen. Dies ist das einzige Element des Mechanismus der Psyche, das wir nicht erben und das von den individuellen Leistungen jedes Menschen abhängt.

2.

Es ist eine Sammlung von Wörtern, Konzepten, Ideen und Argumenten, die allgemein als Intellekt oder Vernunft bekannt sind, obwohl es kein sehr guter Begriff ist. Warum? Aus Vernunft oder Verstand verstehen wir normalerweise nur die Fähigkeit, effizient zu denken.

Das Material des interpolaren Raums sind nicht nur Worte und Gedanken, sondern auch Gefühle. Deshalb habe ich von Anfang an das Konzept eines interpolaren Raums verwendet, weil ein solcher Begriff sowohl Gedanken als auch Gefühle zwischen den Polen der Psyche treffend umfasst.

3.

Wie wir wissen, ist das dritte Element des mentalen Mechanismus die Quelle außergewöhnlicher zwischenmenschlicher Unterschiede und hängt von den sozialen, kulturellen und wirtschaftlichen Bedingungen ab. Es scheint am stärksten mit dem Geschlecht zu tun zu haben, obwohl es möglicherweise auch nur ein kultureller Effekt ist, der darin besteht unterschiedliche Behandlung von jungen Männern und Frauen.

4.

Zweifellos wird der stärkste Einfluss auf seine Entwicklung und Form jedoch durch Erziehung und buchstäblich verstandene Bildung ausgeübt. Je umfassender die Ausbildung, desto tiefer und umfassender die Ausbildung, desto größer der Reichtum

an Wörtern, Gedanken und Gefühlen.
Und je präziser es ist, Gedanken und Sätze
zu bilden.

5.

Das dritte Element hat etwas anderes.
Dies ist der einzige Zugangspunkt zum
einfachen Mechanismus der menschlichen
Psyche. Daher können wir weder direkt
noch indirekt den Angstpol oder den
emotionalen Pol beeinflussen. Wir
können dies nicht nur in Bezug auf die
andere Person tun, sondern wir selbst
haben keinen direkten Zugang zu unserer
eigenen Angst und unserem emotionalen
Pol.

VI

1.

Dies ist das einzige, was an der menschlichen Psyche schwierig ist. Es kann nicht darauf zugegriffen werden.

Und doch habe ich vorhin gesagt, dass es
das dritte Element ist, d. H. Der
interpolare Raum?

Ja, wir haben Zugriff darauf. Zuallererst
zu meiner eigenen, aber mit ein wenig
Geschicklichkeit auch zum interpolaren
Raum einer anderen Person (während ich
dieses Buch schreibe, versuche ich, mit
Ihnen dorthin zu gelangen!). Wir können
dorthin gelangen, ja.

2.

Aber seien wir ehrlich, die wahre Psyche,
die unser Leben oft verletzt oder
erschwert, befindet sich nicht im
interpolaren Raum, sondern an den Polen
der Psyche. Es gibt diese beiden oft
enormen Potenziale - Angst und

Emotionalität -, die mit einer solchen Kraft explodieren, dass im interpolaren Raum, insbesondere nicht fest genug, nicht gestärkt und ineffizient, nur Asche übrig bleibt.

3.

Die Wahrheit ist, dass, obwohl ich Element Drei im beschreibenden Sinne in den Mechanismus der menschlichen Psyche aufgenommen habe, es schwierig ist, es im funktionalen Sinne einzubeziehen.

Die Angst- und emotionalen Pole, beide erblich bestimmt, sind völlig autonom, unabhängig voneinander und vom dritten Element. Außerdem dominieren sie das dritte Element, nicht umgekehrt!

4.

 An den Angst- und emotionalen Polen werden unmenschliche Energien freigesetzt, ja, im wahrsten Sinne des Wortes unmenschlich, weil beide Pole unaufhörliche Kataklysmen sind, eine - eine Katastrophe ständiger Angst ohne Grund, dh Angst, die zu Beginn der menschlichen Spezies geboren wurde, und die andere - eine Katastrophe widersprüchlicher und extremer Emotionen, die aus der doppelten Wildheit der Tierwelt hervorgeht. Es ist wie bei zwei unabhängigen Tornados, die sich ohne einen Moment der Beruhigung und ohne Vorwarnung über die Pole des psychischen Planeten drehen und eine Katastrophe der Zerstörung im interpolaren Raum auslösen.

5.

Man kann mit Recht sagen, dass Element Drei in der Entwicklung der menschlichen Psyche erschien, um auf diesem gefährlichen Planeten Fuß zu fassen, der sich für die ersten Menschenaffen herausstellte, den Planeten ihrer Psyche mit zwei wütenden Tornados seine Pole.

 Doch ihre Vorfahren, gewöhnliche, nichtmenschliche Affen, verfügten über eine ziemlich gefährliche Psyche, eine unipolare, bei der von Zeit zu Zeit ein Tornado am emotionalen Pol abbrach. Aber es verschwand nach einer Weile und wieder konnte unser tierischer Vorfahr wie jedes höhere Tier heute wie ein Pferd, eine Katze oder ein Hund nach einer Zeit emotionaler Katastrophen ein glückseliges, sorgloses Leben führen.

VII

1.

Es gibt keinen Moment der Stille oder Glückseligkeit auf dem Planeten der menschlichen Psyche. Obwohl der Tornado am emotionalen Pol, wie bei unseren kleineren Tierbrüdern, nur von Zeit zu Zeit bricht (insbesondere wenn uns unzureichende Erziehung und Bildung nicht erlaubten, uns zu sehr von unseren tierischen Cousins zu distanzieren), brach der Tornado an der Angst Pol dauert das ganze menschliche Leben.

2.

Hier wird ständig ein dunkler Himmel geboren, voller bedrohlicher Blitze, Stürme, Winde und schrecklicher Trompeten, die alles auf der Straße wegfegen. Die ersten Menschenaffen waren einfach sehr, sehr unglücklich. Man könnte sagen, dass sie alle an einer möglichst schweren Depression litten.

3.

Es ist kaum zu glauben, wie sie überlebt haben, da Sie, wie wir wissen, in der schwersten Depression keine Lust haben zu essen, zu rennen, zu kopulieren oder so. Aber wir wissen, was passiert, wenn die schwerste Depression uns betrifft. Wenn wir zulassen, dass es sich entwickelt, keine Drogen geben, nicht versuchen, die leidende Psyche so weit wie möglich zu lindern, dann tritt ein ungewöhnliches, wenn auch aus Sicht der Naturgesetze natürliches Phänomen auf.

4.

Nun, eines Tages erscheint plötzlich eine völlig veränderte Person vor den Augen der Menschen: lächelnd, entspannt, einfach glücklich. Dieselbe Person, die vorgestern nicht auf die Welt um sie herum reagiert hatte, erstarrt in einem Ausdruck der Gleichgültigkeit.

5.

Was ist passiert? Nun, die Natur ist zwar streng, aber nicht rücksichtslos. Ja, alle Krankheiten sind Teil der Welt der Natur, aber gleichzeitig hat die Natur Mechanismen entwickelt, die versuchen, das zu heilen, was krank ist. Und es ist oft genug, die Natur nicht zu stören, damit eine natürliche Heilung stattfinden kann.

VIII

1.

In jedem Stadium einer Krankheit setzt die Natur ihre Bemühungen fort, sie zu heilen. Nun, aber anstatt die Natur bei dieser Anstrengung aus Rücksichtslosigkeit und Unwissenheit oder Unbeholfenheit zu unterstützen, stören wir sehr oft. Dann machen wir den Heilungsprozess für die Natur schwierig.

2.

Es sind keine Drogen, die heilen! Gute Medikamente sind nur solche, die die Naturbehandlung nicht beeinträchtigen. Aber die Natur versucht immer noch, die Krankheit zu heilen. Trotz Drogen, die am häufigsten stören.

3.

Der Wunsch, den Organismus zu heilen und zu regenerieren, ist in Gene eingebettet, die vielleicht das mächtigste aller Merkmale lebender Organismen sind, die in ihren Genen geschrieben sind. Und was mit dieser schlecht behandelten Person mit Depressionen passiert ist, ist ein Beispiel für die Wirkung der Natur. Erklären wir also, wie die Natur es getan hat. Was ist dieser Effekt?

4.

Nun, wenn das geistige Leiden eines depressiven Menschen die psychophysische Kapazität übersteigt, greift die Natur entscheidend ein - sie schaltet die Quelle des Leidens aus. Also schaltet es was genau aus?

5.

Ja, ja, es schaltet die menschliche Psyche aus. Klingt absurd, sogar lächerlich, oder? Schließlich lächelt die Person, wie ich bereits erwähnte, plötzlich wieder und der Ausdruck von Leiden und Angst verschwindet.

Ja, die Natur hat das sinnlose Leiden gestoppt, man kann sogar sagen, dass es geheilt ist. Das Problem ist, dass die Natur keinen Mann von einem Pferd oder einer Kuh kennt. So kommt es manchmal vor, dass die Heilung auf eine Weise erfolgt, die aus menschlicher Sicht unmenschlich ist ...

IX

1.

Plötzlich wird diese kranke Person so glücklich wie Tiere (was die Menschen nicht wissen), weil die Person keine Angst mehr hat! Die Natur hat den Angstpol in der Psyche einer Person mit schwerer Depression ausgelöscht. Nicht ohne Grund schreibe ich, dass eine Person, die bisher gelitten hat, von nun an glücklich sein kann, glücklich darüber, wie die unipolaren Tiere sind.

2.

Ich glaube, dass es mit den ersten humanoiden Primaten ähnlich war, wenn auch in enormem Ausmaß. Alle oder fast alle von ihnen erkrankten im frühen Erwachsenenalter an einer schweren Depression, deren Höhepunkt, wenn sie überlebten, eine postdepressive Psychose war.

3.

Diese Verschiebung der Psyche von der bipolaren zur unipolaren Position sollte einfach so genannt werden. Genau aus diesem Grund muss die Depression rechtzeitig gestoppt werden, damit kein Risiko besteht, dass die Natur auf ihre eigene Weise damit umgeht, wie es heute

noch bei vernachlässigten oder schlecht
behandelten Patienten der Fall ist. Und
wie es in gigantischem Ausmaß geschah,
wie ich schon sagte, vor Millionen von
Jahren mit den Menschenaffen.

4.

  Ich nehme also an, dass diese
prähistorischen Affen die Last der
bipolaren Psyche nicht tragen konnten
und nach etwa einem Dutzend Jahren gab
es einen "Schalter", nach dem sie wieder
zu gewöhnlichen Affen wurden.
Gewöhnlich, weil sie geistig wie alle Affen
außer Menschen wieder unipolar wurden.

5.

  Eine interessante Frage ist, warum diese
Affen, bipolare Affen, überlebt haben,

nach denen wir selbst der beste Beweis sind.

Mit anderen Worten, die psychologische Bipolarität war von Anfang an eine enorme Belastung, genau wie danach. Trotzdem ist die einzige Art, die von einer solchen Bipolarität betroffen ist, nicht ausgestorben, wie es logisch erscheint.

Darüber hinaus ist es heute die zahlreichste Art, die Art an der Spitze der Evolutionsleiter! Dieses Unglück der Bipolarität muss also paradoxerweise ein Erfolgsgeheimnis verbergen. Lass es uns erklären.

X.

1.

Das erste Dutzend menschlicher Lebensjahre (ja, menschlich, weil sie bipolar waren!) War eine sehr turbulente Zeit in ihrem Leben. Ständige Angst und emotionale Stürme machten sie unglücklich. Solange sie sich als Säuglinge noch an die Hand oder den Rücken der Mutter klammern konnten, solange sie als Kinder spielen wollten, war diese schreckliche Angst erträglich, die Anwesenheit der Mutter oder der Wirbelwind des Spiels trugen dazu bei, sie zu lindern.

2.

Kein Wunder, dass die vormenschlichen Affen keine Eile zum Erwachsenenalter hatten. Im Gegenteil, sie haben es auf unangemessen lange Weise bis zu mehreren Jahren verlängert! Wie auch immer, eine lange Kindheit war nicht nur für die Babys von Vorteil, auch die Mütter profitierten davon, weil die Betreuung von Kindern für sie die gleiche Rolle spielte wie das Spielen für Kinder. Es erlaubte ihnen, die Aufmerksamkeit von der Welt der schrecklichen Angst abzulenken. Eine Sache, die wir bis heute üben.

3.

Aus demselben Grund bildeten männliche menschliche prähistorische Affen größere Gruppen. Ihnen war bereits bekannt, dass die Zugehörigkeit zu einer Gruppe von dem großen Unglück abgelenkt war, das sie alle trugen - dem Unglück ständiger Angst. Sie lenkten sich davon ab, indem sie neue und neue Gruppenaktivitäten fanden.

4.

Männer mit einer Psyche, deren Angstpolpotential am geringsten war, und diejenigen von ihnen, die über genügend Klugheit und Kraft verfügten, konnten mehr Zeit für gewöhnliche Tierangelegenheiten wie Essen, Schlafen

und insbesondere Kopulation aufwenden.
Daher kann davon ausgegangen werden,
dass Personen mit geringerer Angst dieses
Gen leichter an ihre Nachkommen
weitergeben als Personen mit einem
höheren Angstpolpotential.

5.

Stellen wir uns also vor, wie groß die
Angst vor Menschenaffen gewesen sein
muss, denn auch heute noch betrachten
wir unsere Angst nach mehreren Millionen
Jahren Evolution und der allmählichen
Beseitigung des Gens mit hoher Angst als
unerträglich. Ist es dann so schwer
vorstellbar, dass trotz aller Bemühungen
vielleicht sogar alle menschlichen

prähistorischen Affen nach einer Phase
der Depression in eine postdepressive
Psychose fielen?

Sie schienen wieder gewöhnliche Affen
zu werden, weil sie keine Angst hatten,
aber konnten sie nach mehreren Jahren
Angst genauso sein wie die Affen, die sie
noch nie erlebt hatten? Nein.

XI

1.

Zuallererst, was für eine Erleichterung es
ist, wenn Sie plötzlich keine Angst mehr als
Angst empfinden. Jeder, der die

Möglichkeit hatte, eines der angstlösenden Medikamente zu verwenden (weil es sie gibt!), Weiß es gut. Aber es ist ein schlechter Vergleich zu der Erleichterung, die eine Person empfindet, die nach vielen Jahren der Angst plötzlich davon befreit wird.

2.

Wenn es ein Paradies gibt, müssen wir uns dort so fühlen. So empfanden vormenschliche Affen, obwohl sie am Ende ihres Lebens wie tierische Affen keine Angst hatten, im Gegensatz zu letzteren einen mentalen Zustand, den wir Glück nennen.

3.

So wurde nicht tierische, sondern typisch menschliche Betrachtung von Gefühlen geboren. Bei diesen ursprünglichen vormenschlichen Wesen war es natürlich nur der Keim dessen, was wir jetzt als Kontemplation verstehen. Es muss nur ein Same gewesen sein, da die vormenschlichen Affen noch kein solches Medium wie den reichen interpolaren Raum hatten. Es gab noch keine Worte, keine Gedanken, keine Gefühle. Letzteres begann jedoch frühestens zu sprießen. Und es geschah aus der Erfahrung des Unglücks der Angst und dann der Befreiung von ihr.

4.

Ich erwähnte, dass diese Befreiung am Ende ihres Lebens kam. Es ist kaum nach den Strapazen des ... der Geburt in der Hölle der Angst, nach ungefähr einem Dutzend Jahren, waren sie dieselben und, wie ich zuvor beschrieben habe, wahrscheinlich viel geistiger gestört als Menschen, die an einer langfristigen schweren Depression leiden. Und genau wie unsere Zeitgenossen haben die vor Millionen von Jahren lebenden Vorfahren des Menschen den Geschmack des Glücks des Lebens ohne Angst gelernt. Und das war genug für sie, um voll zufrieden zu sein. Oft hörten sie dann auf, sich um Nahrung und Sicherheit zu kümmern. Unter solchen Bedingungen war es nicht schwer zu sterben. Und sie starben sehr schnell. Aber sie starben glücklich.

5.

Junge Affen, die unglücklichen, lernten eine wichtige Lektion, wenn sie das Schicksal ihrer älteren Verwandten betrachteten. Das heißt, dass ihr Leben nicht für immer unausstehlich sein wird.

So wurde als weiteres Material die Hoffnung im primären interpolaren Raum geboren. Und es ist wichtig zu bemerken, dass zuerst Hoffnung geboren wurde und dann erst am Ende des Lebens ein anderes Element dieses Raumes erschien - das Gefühl des Glücks.

XII

1.

Es ist klar, dass der interpolare Raum
sorgfältig aufgebaut wurde, um den
Wahnsinn der Angst zu heilen, als Waffe
gegen seine zerstörerische Kraft. Und
dieser Raum verdankt seinen Ursprung der
sogenannten depressiven
(postdepressiven) Psychose.

2.

Das von Angst befreite humanoide Tier
ist erstaunt über dieses plötzliche Ereignis.
Vom Erstaunen, das ein Phänomen an der
Grenze der Psyche-Fähigkeiten anderer

Tiere ist, ist es nur ein kleiner Schritt zu etwas, das kein anderes Tier auf der Erde tun kann - zur Selbstreflexion. Heute ist es gewöhnlich, offensichtlich, aber vor ein paar Millionen Jahren muss das, was in der Psyche unserer tierischen Vorfahren passiert ist, sie enorm erstaunt haben.

3.

Ich denke, wir berühren hier den faszinierendsten Moment in der gesamten Geschichte des Lebens auf der Erde. Denn es war die Zeit, in der das Unbewusste seiner eigenen Existenz Natur nach vielen hundert Millionen, sogar Milliarden von Jahren endlich den krönenden Abschluss dieser langen, kosmischen und sogar terrestrischen Odyssee erreichte.

4.

Kann es besser mit etwas anderem gekrönt werden als mit diesem Moment, sehr metaphorisch gesprochen und in einer gigantischen Abkürzung, in der sich ein an der Straße liegender Stein plötzlich seiner selbst bewusst wird?

5.

Bewusstsein ist der Inhalt des interpolaren Raums. Es wurde in der Evolution völlig zufällig und nicht sofort vollständig geboren. Es wurde entwickelt, um Angstzustände und, wie Sie vielleicht vermuten, auch Emotionen zu bekämpfen

...

Das Bewusstsein entstand dann als Ergebnis der ersten Psychose der Psyche der Uraffen.

Da es ohne diese Urpsychose kein Bewusstsein geben würde, ist vielleicht auch das Gegenteil der Fall?

Da sich die ursprüngliche Psychose als so heilsam herausstellte, um aus dem Teufelskreis des Leidens der bipolaren angstemotionalen Psyche herauszukommen, dürfen wir vielleicht annehmen, dass ein solches Phänomen immer noch gültig ist? Vielleicht sollten wir es nicht als etwas Unangemessenes und Unerwünschtes behandeln?

***.

***.

***.

Definition

Die Psyche ist ein Prozess eines gegenwärtigen symbolischen Austauschs zwischen dem Subjekt der Psyche und ihrer gegenwärtigen Umgebung (subjektive Definition).

Die Psyche ist ein Prozess eines gegenwärtigen symbolischen Austauschs zwischen zwei Subjekten der Psyche (objektive Definition).

***.

***.

***.

Merken!

Exordium

ich

1.

Wenn ich das Leben wilder Tiere
betrachte, bin ich immer wieder erstaunt
über ihre Überlebenskraft. Ob in
sibirischen Frösten oder in den Tropen,
ganz zu schweigen von gemäßigten Zonen,
alle Tiere sind so perfekt mit der Natur
harmoniert, dass sie im Laufe ihres Lebens
kaum jemals krank werden. Sie werden
nur im Alter krank, und das ist das Alter
bei den Tieren.

2.

Mittlerweile ist der Mann als einzige Spezies unter Säugetieren eine äußerst empfindliche Spezies in Bezug auf die Gesundheit und leidet daher an jeder Krankheit und ständig während des gesamten Lebens. Warum? Wozu? Was ist der Sinn davon?

3.

Es scheint, dass wir die Antwort auf diese Frage in den Ursprüngen der menschlichen Spezies suchen müssen. Ich habe sie in meinen bisherigen Arbeiten bereits im Zusammenhang mit der Entwicklung der Psyche des Mannes ausführlich beschrieben. Und es stellt sich heraus, dass die Tendenz des Mannes, krank zu werden, unerwartet eng mit der

Frage der menschlichen Psyche
zusammenhängt!

 4.

 Ich habe in meiner Arbeit viele Male die
These bewiesen, dass die Natur die
Angstmutation als äußerst gefährlich für
die Tiere und damit für die
vormenschlichen Affen erkannte.

 Darüber hinaus gibt es Hinweise darauf,
dass die Natur die Angstmutation als
definitiv katastrophal ansah. Der
Hauptgrund war nicht die Zerstörung der
Psyche. Unerwartet stellte sich heraus,
dass die Angst für den Körper gefährlicher
war als für die Psyche! Kurz gesagt, die
Zerstörung des Organismus durch die
Angst ist genau die Somatose.

 Da die Angelegenheit bis in die primäre Psychose zurückreicht, werden wir von nun an den Begriff der primären Somatose verwenden.

5.

 Was genau ist das Phänomen der primären Somatose?

II

1.

Nun, die Angst, im physischen Sinne eine kontinuierliche spontane elektromagnetische Gehirnwellenemission durch kontinuierliche Stimulation des zentralen und autonomen Nervensystems zu sein, beeinflusst den gesamten Körper durch die Freisetzung der Neurotransmitter und endokrinen Substanzen in das Blut.

2.

Eine solche ständige Stimulation (mit Ausnahme des Schlafes) ist unweigerlich extrem energieintensiv, und das mag die Natur auf lange Sicht nicht. Die Energie ist für die Natur von unschätzbarem Wert, und deshalb bedeutet der Evolutionsprozess auch, für einen freien Zugang zu den Energiequellen zu kämpfen und deren Verlust zu begrenzen.

3.

Darüber hinaus stört eine solche ständige sinnlose Angststimulation des gesamten Organismus den Verlauf physiologischer Prozesse aller Organe und Systeme des Organismus, insbesondere des Immunsystems.

4.

Daher musste die Natur keinen zusätzlichen Mechanismus aktivieren, um

Personen mit der Angstmutation zu eliminieren. Sie eliminierten sich durch erhöhte Morbidität, durch die primäre Somatose.

5.

  Mit anderen Worten, die primäre Somatose ist ein kontinuierlicher Prozess, der durch die Angst ausgelöst wird und die physiologischen Funktionen des Körpers stört, was zu einer Abnahme der Immunität des Organismus und folglich zu einer Krankheit führt.

III

1.

Im Gegensatz zu den absurden Thesen
einiger psychologischer Kreise war und
wird die Krankheit niemals eine
"Ausdrucks- und Kommunikationsweise"
sein. Im psychischen Sinne ist Krankheit
ein völlig unsinniges Phänomen, und es ist
Ausdruck einer totalen Märchenschrift, die
auf dem bisher nichtwissenschaftlichen
Gebiet der sogenannten Psychologie so
leicht praktiziert wird.

2.

Die menschlichen organischen Krankheiten sind die erste Folge der Angst. Sie sind die physische Folge der Angst und sollten von Anfang an die Angst-Individuen aus der Rasse der Evolution und der weiteren Geschichte des Lebens auf der Erde eliminieren.

Und es gab Bedingungen, unter denen diese Individuen aufgrund der Seuche der Krankheiten, die sie befielen, tatsächlich verschwanden.

Der Mechanismus der primären Somatose ist eine Falle ohne Ausweg: Die Angst stört die physiologischen Prozesse des gesamten Organismus und infolgedessen nimmt seine Immunität ab.

3.

Deshalb leiden alle anderen Tiere kaum an Krankheiten, leben unter extremen Klima- und Wetterbedingungen, oft kalt, hungrig, überhitzt usw. ... Die physiologischen Prozesse in ihrem Körper werden nicht gestört! Deshalb sind weder Regen noch Kälte noch Hunger für sie gefährlich!

4.

Und der Mann ist so zart, so zerbrechlich. Ein paar Minuten im Regen und der Mann ist krank. Jemand niest in der Nähe und der Mann ist krank ...

5.

Lassen Sie uns übrigens den Mythos eines gesunden Lebensstils entlarven, der bei modernen Menschen so beliebt ist, um ihre Gesundheit zu retten. In der Tat wäre es sinnvoll und effektiv, alle Bedrohungen für die menschliche Gesundheit wie biologische, chemische und physikalische Bedrohungen zu vermeiden, wenn nicht ein Mechanismus der primären Somatose in den Genen eingebettet wäre.

IV

1.

Die Tatsache, dass wir am Leben sind, ist nicht das Ergebnis eines gesunden Lebensstils, da es für die Somatose keine Bedeutung hat.

Wenn ja, warum leben wir und sind tatsächlich dazu verdammt, von Beginn unseres Rennens an zu verschwinden?

Es gibt nur eine Erklärung. Dahinter steckt ... ein Wunder!

Was ein Wunder?

Das Wunder der primären Psychose.

2.

Die primäre Psychose ist eine Idee für eine solche Aberration der Angstpsyche, so dass diese Psyche aus der Angstüberlastung hervorgehen kann, bevor die Evolution das Bewusstsein so stark entwickelt, dass das Bewusstsein die

Angst überwinden konnte. Vor der primären Psychose trat das Phänomen der Somatose im Verlauf der Evolution als erste Folge der Angst auf.

3.

 Inzwischen ist Somatose die gleiche Aberration in der Funktion des menschlichen Körpers wie die Psychose im Fall der menschlichen Psyche! In beiden Fällen handelt es sich um die De-Realisierung des funktionalen Sinns des Prozesses.

4.

 Und so wird im Fall der primären Psychose der psychologische Prozess so unwirklich, d. H. Von der Realität losgelöst, dass sich die Psyche auf eine höhere als

die reale Funktionsebene, auf eine
symbolische Ebene bewegt. Auf dieser
Ebene wird der Angst die katastrophale
Schädlichkeit ihrer physischen Dimension
entzogen, und in der symbolischen
Dimension wird die Angst zu einem Faktor,
der ein kreatives symbolisches Leben
inspiriert.

5.

Was ist mit Somatose? Hier wird der
reale physiologische Prozess durch einen
unwirklichen, nicht physiologischen
Prozess ersetzt, d. H. Einen Prozess, der
von der Medizin als Krankheitsprozess
definiert wird. Wir können daher zu Recht
eine Analogie zwischen dem unwirklichen
Prozess, der als Krankheitsprozess der
Körperfunktionen bezeichnet wird, und

dem unwirklichen Prozess, der als Psychose der Psychefunktionen bezeichnet wird, erkennen.

 Während sich die Psychose als äußerst wertvolle Leistung für die menschliche Spezies herausstellt, eröffnet sie eine neue Dimension der Existenz - die symbolische Dimension; Die Frage, ob Somatose auch Sinn macht, ist äußerst riskant.

 Lassen Sie es uns klar sagen. Alle menschlichen Krankheiten sind nichts als Somatosen!

 Und ein Krankheitsprozess jeder Krankheit ist nichts anderes als eine von der physiologischen Realität losgelöste Funktion eines bestimmten Organes des

Körpers. Und selbst im Fall einer exogenen Krankheit beschränkt sich der Einfluss eines externen Faktors darauf, die Derealisierung des physiologischen Prozesses zu induzieren, und damit auf das, womit wir es bei einer endogenen Krankheit zu tun haben. Die Analogie zwischen Psyche und Somatik ist also perfekt!

Abkürzungen

AB Angstblocker

AEA Angst-emotionale Wachsamkeit

AEI Angst-emotionale Intelligenz

CP Cyclic Polysymbolicity

CS Childishness Syndrom

EP Episodische Psychose

ESE Externes Selbstwertgefühl

Externer symbolischer ESEx-Austausch

gP / S genetische Polysymbolizität /
Schizophrenie

iP / S induzierte Polysymbolizität /
Schizophrenie

ISE Internes Selbstwertgefühl

Interner symbolischer ISEx-Austausch

LI Logic Intelligence

NPP Negative Primärpsychose
(Depression)

PSPM Parallel Symbolic Psyche Me

PRNL-Programm zur Rückkehr zum
normalen Leben

PSEx Parallel Symbolic Exchange

SBM Symbolic Brain Me

SE Selbstachtung

SEx Symbolischer Austausch

SP Simultane Polysymbolizität

SPM Symbolic Psyche Me

SSPM Schlaf Symbolische Psyche mich

T1h Typ 1 der Menschheit (ohne Selbstentfernung zur primären Psychose)

T2h Typ 2 der Menschheit (mit Selbstentfernung zur primären Psychose)

T3h Typ 3 der Menschheit (Zwischentyp zwischen T1h und T2h)

9 798574 236543